Renate & Uwe H. Sültz

Mein Haushaltsbuch

BoD - Books on Demand

Norderstedt 2016

Bibliografische Information durch die Deutsche Nationalbibliothek

Die Deutsche Nationalbibliothek verzeichnet diese Publikation in der Deutschen Nationalbibliografie; detaillierte bibliografische Daten sind im Internet über http://dnb.dnb.de abrufbar.

Herstellung und Verlag: BoD – Books on Demand, Norderstedt

ISBN 978-3-837-09394-0

Irgendwo muss doch etwas übrig bleiben!!!

Sind die Versicherungen überprüft? Gibt es günstigere Alternativen?

Standby bei vielen Geräten kostet Geld! Kein AUS-Schalter vorhanden?

Es gibt Zwischenstecker!

Tropft der Wasserhahn? Das kostet Ihre Kohle!

Sind Sie bei der Beleuchtung schon umgestiegen? Es gibt LED!

Heizt die Kaffeemaschine den ganzen Tag?

Kochwäsche: Immer nötig? Und was ist mit dem Trockner?

Hier verheizt man sein Geld!

Viele Überlegungen könnten noch aufgelistet werden!

Aber eine Ausgabe halten wir aus persönlicher Erfahrung für wichtig:

DER RAUCHMELDER, er kann Leben retten!

Ausgaben für: **Datum:**   **Betrag:**

Summe der Ausgaben:

Einnahmen:

Endsumme oder Übertrag:

Ausgaben für: **Datum:**   **Betrag:**

Summe der Ausgaben:

Einnahmen:

Endsumme oder Übertrag:

Ausgaben für: **Datum:** **Betrag:**

_____

_____

_____

_____

_____

_____

_____

_____

_____

Summe der Ausgaben: _____

Einnahmen: _____

Endsumme oder Übertrag: _____

Ausgaben für: **Datum:**   **Betrag:**

Summe der Ausgaben:

Einnahmen:

Endsumme oder Übertrag:

Ausgaben für: **Datum:**   **Betrag:**

_____

_____

_____

_____

_____

_____

_____

_____

_____

Summe der Ausgaben: _____

Einnahmen: _____

Endsumme oder Übertrag: _____

Ausgaben für: **Datum:**   **Betrag:**

Summe der Ausgaben:

Einnahmen:

Endsumme oder Übertrag:

Ausgaben für: **Datum:**   **Betrag:**

Summe der Ausgaben:

Einnahmen:

Endsumme oder Übertrag:

Ausgaben für: **Datum:**   **Betrag:**

Summe der Ausgaben:

Einnahmen:

Endsumme oder Übertrag:

Ausgaben für: **Datum:**   **Betrag:**

Summe der Ausgaben:

Einnahmen:

Endsumme oder Übertrag:

Ausgaben für: **Datum:**   **Betrag:**

_____

_____

_____

_____

_____

_____

_____

_____

_____

_____

_____

Summe der Ausgaben: _____

Einnahmen: _____

Endsumme oder Übertrag: _____

Ausgaben für: **Datum:**   **Betrag:**

Summe der Ausgaben:

Einnahmen:

Endsumme oder Übertrag:

Ausgaben für: Datum: Betrag:

Summe der Ausgaben:

Einnahmen:

Endsumme oder Übertrag:

Ausgaben für: **Datum:**   **Betrag:**

_____

_____

_____

_____

_____

_____

_____

_____

_____

Summe der Ausgaben: _____

Einnahmen: _____

Endsumme oder Übertrag: _____

Ausgaben für: **Datum:** **Betrag:**

_____

_____

_____

_____

_____

_____

_____

_____

_____

Summe der Ausgaben: _____

Einnahmen: _____

Endsumme oder Übertrag: _____

Ausgaben für: **Datum:**   **Betrag:**

_____

_____

_____

_____

_____

_____

_____

_____

_____

Summe der Ausgaben: _____

Einnahmen: _____

Endsumme oder Übertrag: _____

Ausgaben für: **Datum:**   **Betrag:**

Summe der Ausgaben:

Einnahmen:

Endsumme oder Übertrag:

Ausgaben für: **Datum:** **Betrag:**

Summe der Ausgaben:

Einnahmen:

Endsumme oder Übertrag:

Ausgaben für: **Datum:** **Betrag:**

Summe der Ausgaben:

Einnahmen:

Endsumme oder Übertrag:

Ausgaben für: **Datum:**   **Betrag:**

Summe der Ausgaben:

Einnahmen:

Endsumme oder Übertrag:

Ausgaben für: **Datum:**   **Betrag:**

Summe der Ausgaben:

Einnahmen:

Endsumme oder Übertrag:

Ausgaben für: **Datum:**   **Betrag:**

Summe der Ausgaben:

Einnahmen:

Endsumme oder Übertrag:

Ausgaben für: **Datum:**   **Betrag:**

Summe der Ausgaben:

Einnahmen:

Endsumme oder Übertrag:

Ausgaben für: **Datum:**   **Betrag:**

Summe der Ausgaben:

Einnahmen:

Endsumme oder Übertrag:

Ausgaben für:	Datum:	Betrag:

Summe der Ausgaben:

Einnahmen:

Endsumme oder Übertrag:

Ausgaben für: **Datum:**   **Betrag:**

Summe der Ausgaben:

Einnahmen:

Endsumme oder Übertrag:

Ausgaben für: **Datum:**   **Betrag:**

Summe der Ausgaben:

Einnahmen:

Endsumme oder Übertrag:

Ausgaben für: **Datum:**   **Betrag:**

_____

_____

_____

_____

_____

_____

_____

_____

_____

Summe der Ausgaben: _____

Einnahmen: _____

Endsumme oder Übertrag: _____

Ausgaben für: **Datum:**   **Betrag:**

Summe der Ausgaben:

Einnahmen:

Endsumme oder Übertrag:

Ausgaben für: **Datum:** **Betrag:**

Summe der Ausgaben:

Einnahmen:

Endsumme oder Übertrag:

Ausgaben für: **Datum:** **Betrag:**

Summe der Ausgaben:

Einnahmen:

Endsumme oder Übertrag:

Ausgaben für: **Datum:**   **Betrag:**

_____

_____

_____

_____

_____

_____

_____

_____

_____

Summe der Ausgaben: _____

Einnahmen: _____

Endsumme oder Übertrag: _____

Ausgaben für: **Datum:**   **Betrag:**

Summe der Ausgaben:

Einnahmen:

Endsumme oder Übertrag:

Ausgaben für: **Datum:**   **Betrag:**

Summe der Ausgaben:

Einnahmen:

Endsumme oder Übertrag:

Ausgaben für: **Datum:**   **Betrag:**

Summe der Ausgaben:

Einnahmen:

Endsumme oder Übertrag:

Ausgaben für: **Datum:**   **Betrag:**

_____

_____

_____

_____

_____

_____

_____

_____

_____

Summe der Ausgaben: _____

Einnahmen: _____

Endsumme oder Übertrag: _____

Ausgaben für: **Datum:**   **Betrag:**

Summe der Ausgaben:

Einnahmen:

Endsumme oder Übertrag:

Ausgaben für: **Datum:**   **Betrag:**

_____

_____

_____

_____

_____

_____

_____

_____

_____

Summe der Ausgaben: _____

Einnahmen: _____

Endsumme oder Übertrag: _____

Ausgaben für: **Datum:**   **Betrag:**

Summe der Ausgaben:

Einnahmen:

Endsumme oder Übertrag:

Ausgaben für: **Datum:**   **Betrag:**

Summe der Ausgaben:

Einnahmen:

Endsumme oder Übertrag:

Ausgaben für:　　　　　　　　**Datum:**　　　**Betrag:**

Summe der Ausgaben:

Einnahmen:

Endsumme oder Übertrag:

Ausgaben für: **Datum:**   **Betrag:**

Summe der Ausgaben:

Einnahmen:

Endsumme oder Übertrag:

Ausgaben für: **Datum:**   **Betrag:**

_____

_____

_____

_____

_____

_____

_____

_____

_____

_____

Summe der Ausgaben: _____

Einnahmen: _____

Endsumme oder Übertrag: _____

Ausgaben für: **Datum:**   **Betrag:**

Summe der Ausgaben:

Einnahmen:

Endsumme oder Übertrag:

Ausgaben für: **Datum:**   **Betrag:**

Summe der Ausgaben:

Einnahmen:

Endsumme oder Übertrag:

Ausgaben für: **Datum:**   **Betrag:**

Summe der Ausgaben:

Einnahmen:

Endsumme oder Übertrag:

Ausgaben für: **Datum:**   **Betrag:**

Summe der Ausgaben:

Einnahmen:

Endsumme oder Übertrag:

Ausgaben für: **Datum:**   **Betrag:**

Summe der Ausgaben:

Einnahmen:

Endsumme oder Übertrag:

Ausgaben für: **Datum:**   **Betrag:**

Summe der Ausgaben:

Einnahmen:

Endsumme oder Übertrag:

Ausgaben für: **Datum:**   **Betrag:**

_____

_____

_____

_____

_____

_____

_____

_____

_____

Summe der Ausgaben: _____

Einnahmen: _____

Endsumme oder Übertrag: _____

Ausgaben für: **Datum:**   **Betrag:**

Summe der Ausgaben:

Einnahmen:

Endsumme oder Übertrag:

Ausgaben für: **Datum:**   **Betrag:**

Summe der Ausgaben:

Einnahmen:

Endsumme oder Übertrag:

Ausgaben für: Datum: Betrag:

Summe der Ausgaben:

Einnahmen:

Endsumme oder Übertrag:

Ausgaben für: **Datum:**   **Betrag:**

Summe der Ausgaben:

Einnahmen:

Endsumme oder Übertrag:

Ausgaben für: **Datum:**   **Betrag:**

Summe der Ausgaben:

Einnahmen:

Endsumme oder Übertrag:

Ausgaben für: **Datum:**   **Betrag:**

_____

_____

_____

_____

_____

_____

_____

_____

Summe der Ausgaben:

_____

Einnahmen:

_____

Endsumme oder Übertrag:

_____

Ausgaben für: **Datum:**   **Betrag:**

Summe der Ausgaben:

Einnahmen:

Endsumme oder Übertrag:

Ausgaben für: **Datum:**   **Betrag:**

Summe der Ausgaben:

Einnahmen:

Endsumme oder Übertrag:

Ausgaben für: **Datum:**   **Betrag:**

Summe der Ausgaben:

Einnahmen:

Endsumme oder Übertrag:

Ausgaben für: **Datum:**   **Betrag:**

Summe der Ausgaben:

Einnahmen:

Endsumme oder Übertrag:

Ausgaben für: **Datum:**   **Betrag:**

Summe der Ausgaben:

Einnahmen:

Endsumme oder Übertrag:

Ausgaben für: **Datum:**   **Betrag:**

Summe der Ausgaben:

Einnahmen:

Endsumme oder Übertrag:

Ausgaben für: **Datum:**   **Betrag:**

Summe der Ausgaben:

Einnahmen:

Endsumme oder Übertrag:

Ausgaben für: **Datum:**   **Betrag:**

Summe der Ausgaben:

Einnahmen:

Endsumme oder Übertrag:

Ausgaben für: **Datum:**   **Betrag:**

_____

_____

_____

_____

_____

_____

_____

_____

_____

_____

Summe der Ausgaben: _____

Einnahmen: _____

Endsumme oder Übertrag: _____

Ausgaben für: **Datum:**   **Betrag:**

Summe der Ausgaben:

Einnahmen:

Endsumme oder Übertrag:

Ausgaben für: **Datum:**   **Betrag:**

Summe der Ausgaben:

Einnahmen:

Endsumme oder Übertrag:

Ausgaben für: **Datum:**   **Betrag:**

Summe der Ausgaben:

Einnahmen:

Endsumme oder Übertrag:

Ausgaben für: **Datum:**   **Betrag:**

Summe der Ausgaben:

Einnahmen:

Endsumme oder Übertrag:

Ausgaben für: **Datum:**   **Betrag:**

Summe der Ausgaben:

Einnahmen:

Endsumme oder Übertrag:

Ausgaben für: **Datum:**   **Betrag:**

Summe der Ausgaben:

Einnahmen:

Endsumme oder Übertrag:

Ausgaben für: **Datum:**   **Betrag:**

Summe der Ausgaben:

Einnahmen:

Endsumme oder Übertrag:

Ausgaben für: **Datum:**   **Betrag:**

Summe der Ausgaben:

Einnahmen:

Endsumme oder Übertrag:

Ausgaben für: **Datum:**   **Betrag:**

Summe der Ausgaben:

Einnahmen:

Endsumme oder Übertrag:

Ausgaben für: **Datum:**   **Betrag:**

Summe der Ausgaben:

Einnahmen:

Endsumme oder Übertrag:

Ausgaben für: **Datum:**   **Betrag:**

Summe der Ausgaben:

Einnahmen:

Endsumme oder Übertrag:

Ausgaben für: **Datum:** **Betrag:**

Summe der Ausgaben:

Einnahmen:

Endsumme oder Übertrag:

Ausgaben für: **Datum:**   **Betrag:**

_____

_____

_____

_____

_____

_____

_____

_____

_____

Summe der Ausgaben: _____

Einnahmen: _____

Endsumme oder Übertrag: _____

Ausgaben für: **Datum:** **Betrag:**

Summe der Ausgaben:

Einnahmen:

Endsumme oder Übertrag:

Ausgaben für: **Datum:**   **Betrag:**

_____

_____

_____

_____

_____

_____

_____

_____

Summe der Ausgaben: _____

Einnahmen: _____

Endsumme oder Übertrag: _____

Ausgaben für: **Datum:** **Betrag:**

Summe der Ausgaben:

Einnahmen:

Endsumme oder Übertrag:

Ausgaben für: **Datum:** **Betrag:**

Summe der Ausgaben:

Einnahmen:

Endsumme oder Übertrag:

Ausgaben für: **Datum:** **Betrag:**

Summe der Ausgaben:

Einnahmen:

Endsumme oder Übertrag:

Ausgaben für: **Datum:**   **Betrag:**

Summe der Ausgaben:

Einnahmen:

Endsumme oder Übertrag:

Ausgaben für: **Datum:**   **Betrag:**

Summe der Ausgaben:

Einnahmen:

Endsumme oder Übertrag:

Ausgaben für: **Datum:**   **Betrag:**

Summe der Ausgaben:

Einnahmen:

Endsumme oder Übertrag:

Ausgaben für: **Datum:** **Betrag:**

_____

_____

_____

_____

_____

_____

_____

_____

_____

_____

Summe der Ausgaben: _____

Einnahmen: _____

Endsumme oder Übertrag: _____

Ausgaben für: **Datum:**   **Betrag:**

_____

_____

_____

_____

_____

_____

_____

_____

_____

Summe der Ausgaben: _____

Einnahmen: _____

Endsumme oder Übertrag: _____

Ausgaben für: **Datum:**   **Betrag:**

_____

_____

_____

_____

_____

_____

_____

_____

_____

_____

Summe der Ausgaben: _____

Einnahmen: _____

Endsumme oder Übertrag: _____

Ausgaben für: **Datum:**   **Betrag:**

Summe der Ausgaben:

Einnahmen:

Endsumme oder Übertrag:

Ausgaben für: **Datum:**   **Betrag:**

Summe der Ausgaben:

Einnahmen:

Endsumme oder Übertrag:

Ausgaben für: **Datum:** **Betrag:**

Summe der Ausgaben:

Einnahmen:

Endsumme oder Übertrag:

Ausgaben für: **Datum:**   **Betrag:**

Summe der Ausgaben:

Einnahmen:

Endsumme oder Übertrag:

Ausgaben für: **Datum:** **Betrag:**

Summe der Ausgaben:

Einnahmen:

Endsumme oder Übertrag:

Ausgaben für: **Datum:** **Betrag:**

_____

_____

_____

_____

_____

_____

_____

_____

_____

Summe der Ausgaben: _____

Einnahmen: _____

Endsumme oder Übertrag: _____

Ausgaben für: **Datum:** **Betrag:**

Summe der Ausgaben:

Einnahmen:

Endsumme oder Übertrag:

Ausgaben für:　　　　　　**Datum:**　　　　**Betrag:**

Summe der Ausgaben:

Einnahmen:

Endsumme oder Übertrag:

Ausgaben für: **Datum:**   **Betrag:**

Summe der Ausgaben:

Einnahmen:

Endsumme oder Übertrag:

Ausgaben für: **Datum:**   **Betrag:**

Summe der Ausgaben:

Einnahmen:

Endsumme oder Übertrag:

Ausgaben für: **Datum:**   **Betrag:**

_____

_____

_____

_____

_____

_____

_____

_____

_____

Summe der Ausgaben: _____

Einnahmen: _____

Endsumme oder Übertrag: _____

Ausgaben für: **Datum:**   **Betrag:**

_____

_____

_____

_____

_____

_____

_____

_____

_____

_____

Summe der Ausgaben: _____

Einnahmen: _____

Endsumme oder Übertrag: _____

Ausgaben für: **Datum:**   **Betrag:**

Summe der Ausgaben:

Einnahmen:

Endsumme oder Übertrag:

Ausgaben für: **Datum:**   **Betrag:**

Summe der Ausgaben:

Einnahmen:

Endsumme oder Übertrag:

Ausgaben für: **Datum:** **Betrag:**

Summe der Ausgaben:

Einnahmen:

Endsumme oder Übertrag:

Ausgaben für:　　　　　　　　　**Datum:**　　　**Betrag:**

_____

_____

_____

_____

_____

_____

_____

_____

_____

Summe der Ausgaben:　　　　　　　　_____

Einnahmen:　　　　　　　　　　　　_____

Endsumme oder Übertrag:　　　　　　_____

Ausgaben für: **Datum:**   **Betrag:**

Summe der Ausgaben:

Einnahmen:

Endsumme oder Übertrag:

Ausgaben für: **Datum:** **Betrag:**

Summe der Ausgaben:

Einnahmen:

Endsumme oder Übertrag:

Ausgaben für: **Datum:**   **Betrag:**

Summe der Ausgaben:

Einnahmen:

Endsumme oder Übertrag:

Ausgaben für: **Datum:**   **Betrag:**

Summe der Ausgaben:

Einnahmen:

Endsumme oder Übertrag:

Ausgaben für: **Datum:**   **Betrag:**

Summe der Ausgaben:

Einnahmen:

Endsumme oder Übertrag:

Ausgaben für: **Datum:**   **Betrag:**

Summe der Ausgaben:

Einnahmen:

Endsumme oder Übertrag:

Ausgaben für: **Datum:**   **Betrag:**

Summe der Ausgaben:

Einnahmen:

Endsumme oder Übertrag:

Ausgaben für: **Datum:**   **Betrag:**

Summe der Ausgaben:

Einnahmen:

Endsumme oder Übertrag:

Ausgaben für: **Datum:** **Betrag:**

Summe der Ausgaben:

Einnahmen:

Endsumme oder Übertrag:

Ausgaben für: **Datum:**   **Betrag:**

Summe der Ausgaben:

Einnahmen:

Endsumme oder Übertrag:

Ausgaben für: **Datum:** **Betrag:**

Summe der Ausgaben:

Einnahmen:

Endsumme oder Übertrag:

Ausgaben für: **Datum:** **Betrag:**

Summe der Ausgaben:

Einnahmen:

Endsumme oder Übertrag:

Ausgaben für: **Datum:**   **Betrag:**

Summe der Ausgaben:

Einnahmen:

Endsumme oder Übertrag:

Ausgaben für: **Datum:** **Betrag:**

_____

_____

_____

_____

_____

_____

_____

_____

Summe der Ausgaben: _____

Einnahmen: _____

Endsumme oder Übertrag: _____

Ausgaben für: **Datum:**   **Betrag:**

Summe der Ausgaben:

Einnahmen:

Endsumme oder Übertrag:

Ausgaben für: **Datum:**   **Betrag:**

Summe der Ausgaben:

Einnahmen:

Endsumme oder Übertrag: